ADRESSE
AUX CITOYENS
DU DÉPARTEMENT DU GERS,

PAR LA SOCIÉTÉ DES AMIS DE LA CONSTITUTION,
ÉTABLIE A AUCH;

Sur les vrais Principes & Libertés de L'ÉGLISE GALLICANE, contre les Abus Ultramontains.

1791.

ADRESSE
AUX CITOYENS
DU DÉPARTEMENT DU GERS,

Sur les vrais Principes & Libertés de **L'ÉGLISE GALLICANE**, *contre les Abus Ultramontains.*

Qui n'aime pas fa patrie eft mort.
Qui non diligit manet in morte.
1. JOAN., cap. 3, verf. 14.

FRERES ET AMIS,

NE vous laiffez pas alarmer par les Bulles ou Brefs du Pape, vrais ou faux, dont les ennemis de la Conftitution abufent pour jeter la confufion dans vos efprits & le trouble dans vos ames. Repofez-vous fur les anciennes & faintes maximes du Clergé de ·France , toujours foutenues par nos Rois très-chrétiens. C'eft pour vous tranquillifer que nous vous les préfentons copiées mot à mot dans le Traité de Boutaric & dans le Difcours de Fleury, fur les libertés de l'Églife Gallicane. Nous ne cherchons qu'à vous éclairer fur les vrais principes , en les tranfcrivant avec leurs autorités refpectables. (Les dangereufes infinuations des anti-conftitutionnaires nous forcent de dévoiler ce que nous voudrions pouvoir couvrir des voiles-les plus épais , & même effacer de toutes nos larmes. Boutaric détaille les articles effentiels avec les traits les plus frappans de nos libertés. Nous les copions dans leur pureté , pour ne pas les obfcurcir par des nuages étrangers.)

Articles 3 , 4 , 5 , 6. » Les libertés de l'Églife Gallicane fe trouvent dépendre de deux maximes ; la première , que les Papes ne peuvent rien commander ni ordonner de ce qui concerne les ehofes temporelles ; la feconde , que quoique les Papes foient reconnus pour Souverains ès caufes fpirituelles , toutefois en France leur puiffance abfolue & indéfinie n'a point lieu ; mais elle eft bornée par les Canons reçus dans le Royàume : *& in hoc maximè confiftit libertas Ecclefiæ Gallicanæ.* (1)

» .... Le Pape Boniface VIII a feul ofé déclarer que le Roi de France lui eft foumis *in fpiritualibus & temporalibus* (2). Tout le monde fait comment cette conftitution fut reçue dans le Royaume , &

____

(1) C'eft en cela fur-tout que confifte la liberté de l'Églife Gallicane.

(2) Dans le fpirituel & dans le temporel.

les fuites funeftes qu'elle auroit eues, fi le Pape Clément V ne l'eût folemnellement rétractée. (1)

» Boniface VIII ne fe contenta pas de déclarer par une Décrétale fes fentimens fur la fupériorité prétendue, il voulut encore les déclarer par une lettre qu'il écrivit au Roi Philippe-le-Bel. On jugera par les termes de la lettre & de la réponfe, jufqu'à quel point les chofes étoient aigries.

» *Boniface, Évêque . . . . à Philippe, Roi des Français.*

» Apprenez de Nous que vous nous êtes foumis dans le fpirituel & dans le temporel. Nulle collation de bénéfices ne vous regarde. . . . . Si vous en avez fait quelqu'une, nous la déclarons nulle : nous réputons *hérétiques* ceux qui croient autrement. (2)

» *Philippe, par la grâce de Dieu, Roi des Français, à Boniface.*

» Sache votre fuprême fatuité que nous ne fommes foumis à perfonne dans le temporel ; que la collation des églifes nous appartient par notre droit Royal.....

---

(1) Si les Bulles d'un Pape ont été révoquées par un autre Pape, qu'en faut-il conclure ?

(2) *Bonifacius, Epifcopus. . . . . Philippo, Francorum Regi. . . . . Scire te volumus quod in fpiritualibus & temporalibus nobis fubes. Beneficiorum. . . . . Collatio nulla ad te fpectat. . . . . Et fi quæ contulifti, collationem eorum irritam decernimus : aliud autem credentes hæreticos reputamus.*

Nous réputons imbécilles & infensés ceux qui croient autrement. (1)

» Dans les chofes même fpirituelles la puiffance du Pape eft fubordonnée aux anciens Canons..... Les Papes eux-mêmes en font convenus ; & il n'en faut pas d'autre preuve que le Décret du Concile de Florence, où préfidoit le Pape Eugène IV.... Ce fameux Décret, par lequel le Pontife romain eft reconnu pour le fucceffeur de S. Pierre, Prince des Apôtres, pour le vrai Vicaire de Jefus-Chrift, pour le Chef de toute l'Églife, le Curé & le Docteur de tous les Chrétiens, à qui N. S. J. C. a donné, en la perfonne de S. Pierre, le plein pouvoir de régir & gouverner l'Églife univerfelle, en la manière qui eft contenue dans les actes des Conciles & dans les faints Canons : *Juxta eum modum qui eft in actibus Conciliorum & facris Canonibus continetur.* »

Art. 11. » Le Pape n'envoie point en France de Légat *à latere*, finon du confentement du Roi très-chrétien ; le Légat n'ufe point de fes facultés, finon tant & fi longuement qu'il plaît au Roi.

» ..... Une foule d'Arrêts ont déclaré abufifs les actes de juridiction exercés par les Légats..... Les moyens d'abus pris de la contravention à nos libertés font fondés, à cet égard, fur ce que le Pape n'ayant

---

(1) *Sciat tua maxima fatuitas in temporalibus nos alicui non fubeffe ; Ecclefiarum & præbandarum collationem ad nos jure Regio pertinere. ..... Secùs autem credentes fatuos & dementes reputamus.*

en France ni *territoire ni juridiction* (1), les Légats ne peuvent ufer de leurs facultés, qu'autant & de la manière, & fous les conditions qu'il plaît au Roi qu'ils en ufent. »

Art. 15. » Le Pape ne peut expofer en proie ..... le Royaume de France, ou en difpofer en quelque façon que ce foit ; & quelques monitions, excommunications ou interdictions qu'il puiffe faire, les Sujets ne doivent laiffer de rendre au Roi l'obéiffance due pour le temporel.

» ..... Le Pape ayant voulu détourner les Français de l'obéiffance qu'ils devoient à Henri IV ..... jufqu'à les exhorter à procéder à l'élection d'un nouveau Roi, par une *Bulle* dont le Cardinal de Plaifance étoit porteur, il fut rendu, le 18 novembre 1592, un Arrêt célèbre en ces termes : » La Cour a reçu & reçoit le Procureur général » appelant comme d'abus de ladite *Bulle* ; ordonne » que Philippe, Cardinal de Plaifance, fera affigné » pour défendre audit appel ; exhorte tous ..... » fujets du Roi, de ne fe laiffer aller aux *poifons &* » *enforcellemens de tels rebelles & féditieux* ..... » fans adhérer aux artifices de ceux qui, *fous* » *couleur de religion*, veulent envahir l'État & » *introduire des barbares.* »

____

(1) Le Pape n'ayant pas de juridiction *territoriale* & *temporelle* chez nous, comment pouvoit-il en donner par les Bulles ? Le Roi la donnoit par fa nomination patronale ; pourquoi la Nation ne peut-elle pas la donner par fon droit de patronage ? Le peuple eft le Patron né des Églifes dont il eft le fondement & le fondateur temporel.

» Un des priviléges des Rois de France eft celui de ne pouvoir être excommuniés. . . . . Le Pape Gregoire IV ayant menacé Louis-le-Débonnaire de venir en France pour l'excommunier, tous les Prélats du Royaume lui écrivirent qu'ils ne fouffriroient jamais qu'on donnât cette atteinte aux droits facrés de la Royauté ; & que s'il venoit dans le deffein d'excommunier, on pourroit bien l'excommunier lui-même : *fi excommunicaturus venires, excommunicatus abires.* » (1)

Art. 17. » Les claufes inférées dans la Bulle *in cænâ Domini*, n'ont lieu en France, pour ce qui concerne les priviléges & libertés de l'Églife Gallicane & droits du Roi & du Royaume.

» La Bulle *in cænâ Domini* eft ainfi appelée, parce que le Pape en ordonne & fait faire la publication tous les ans le Jeudi-faint ; elle n'a jamais été publiée ni reçue parmi nous ; elle contient d'ailleurs plufieurs claufes contraires à nos libertés ; & ainfi nous ne nous croyons point liés par les cenfures qu'elle prononce. » (2)

----

(1) Les Papes (faits Princes temporels & trop enrichis par nos Rois, Pepin-le-Bref, Charlemagne & Louis-le-Débonnaire) abusèrent toujours de l'excommunication, contre nos Rois mêmes, pour fe rendre maîtres de tous les Royaumes.

(2) » La Bulle qu'on appelle *in cænâ Domini*, & qu'on publie à Rome le Jeudi-faint . . . . . . eft l'ouvrage de plufieurs Souverains Pontifes. Quelques-uns . . . . la font remonter à . . . . . Boniface VII, élu en 1294 . . . . . elle regarde principalement la matière de la puiffance ecclé-fiaftique & civile, & prononce excommunication contre ceux . . . . . . qui . . . . . veulent reftraindre la juridiction eccléfiaftique. . . . . » *Hiftoire eccl.*, tom. 34, *liv.* 171.

Art. 44. » *Bulles* ou Lettres apoftoliques ne s'exécutent en France fans *pareatis* du Roi. (1)

---

(1) L'autorité de l'Églife , qu'on appelle juridiction eccléfiaftique , n'eft autre chofe que la puiffance que J. C. a confiée à fes Apôtres & à leurs fucceffeurs. . . . . C'eft par elle que l'Églife a le pouvoir d'enfeigner, de lier & de délier, d'établir des lois quand elle le juge à propos, & de punir par des peines qui lui font particuliéres ceux qui n'obéiffent point à ces Ordonnances ; mais cette puiffance, quoique entièrement diftincte de la puiffance temporelle, eft néanmoins liée avec cette dernière en plufieurs chofes ; & comme elles ont l'une & l'autre des rapports qui les uniffent effentiellement, & qui pourroient les faire confondre, il eft néceffaire de donner ici une idée exacte & diftincte de chacune de ces deux puiffances. . . . .

A peine les hommes ont - ils formé des fociétés , qu'il a fallu établir entr'eux des lois , une police , des peines , créer des Miniftres en qui réfidât une autorité fouveraine pour veiller à l'exécution de ces lois. . . . .

Le culte d'un Étre fouverain & éternel, ou de quelque autre, regardé comme le principe & l'ame du monde, a toujours fait partie de ces lois. . . . . L'infpection fur ce culte , & fur tout ce qui y a rapport, a fait dans tous les temps un des principaux objets du gouvernement.

J. C. , en établiffant fur la terre une nouvelle puiffance dont il a confié le dépôt à fes Apôtres, n'a point voulu détruire cette première puiffance ; au contraire , il l'a maintenue dans tous fes droits. . . . .

La puiffance établie par J. C. eft d'une nature entièrement différente de la puiffance temporelle : celle-ci ayant pour objet de conferver entre les Sujets de l'État l'ordre, la tranquillité & la paix ; & l'autre n'ayant pour but que de conduire les fidèles à une vie éternelle.

La puiffance établie par J. C. n'a d'autorité & d'empire que fur les ames ; elle n'en a point fur les corps, ni fur

» . . . . . . La raifon eft . . . . . afin qu'avant la publication des *Bulles* ou autres Lettres apoftoliques on puiffe voir & examiner s'il y a quelque claufe qui porte préjudice aux droits & libertés de l'Églife Gallicane. . . . . Quantité d'Arrêts rendus par tous les Parlemens du Royaume . . . . . font inhibitions & défenfes à tous Évêques . . . . . & à tous autres de recevoir, lire, publier, ou autrement mettre à

———————————————————

les biens, ni fur tout ce qui eft extérieur & temporel . . . . .

Au contraire, la puiffance temporelle ne peut rien fur les ames, mais fon empire s'étend fur les corps & fur les biens, & fur tout ce qui eft extérieur & temporel . . . .

Chacune de ces deux puiffances eft indépendante de l'autre par rapport à l'objet qui lui eft propre & particulier ; mais elles font mutuellement foumifes & dépendantes l'une de l'autre dans ce qui regarde leurs objets réciproques ; c'eft-à-dire que la puiffance fpirituelle étant dans l'État, eft foumife à la puiffance temporelle dans tout ce qui eft purement temporel . . . . & réciproquement la puiffance temporelle qui profeffe la Foi & embraffe la difcipline de l'Églife, eft foumife & dépendante de la puiffance fpirituelle dans tout ce qui eft purement fpirituel . . . . .

Le Prince qui fait profeffion de la religion Catholique, doit, en fa qualité de Souverain, maintenir la difcipline de l'Églife, ainfi que la dignité & la juridiction de fes Miniftres . . . . . Mais comme, d'un autre côté, le Souverain doit faire jouir tous fes Sujets indiftinctement de tous les avantages fpirituels & temporels qui leur appartiennent ; il eft auffi de fon devoir de reprimer toutes les entreprifes & innovations qui pourroient tendre à les priver de ces avantages . . . . .

Par une fuite néceffaire de cette règle, il appartient à la puiffance temporelle de juger de tout ce qui eft utile ou nuifible à la fociété, & de l'autorifer ou de le exécution , directement ni indirectement , fous quelque prétexte que ce puiffe être, aucune *Bulle* , *Bref* ou autres expéditions de la Cour de Rome , fans Lettres-patentes du Roi , dûment enregiftrées pour en ordonner la publication , à l'exception néanmoins des Brefs de pénitencerie & autres expéditions ordinaires .... fous peine d'être traités comme perturbateurs du repos public ; comme auffi inhibitions & défenfes à tous .... de vendre , débiter ou autrement diftribuer aucune *Bulle* , Bref ou autres expéditions de la Cour de Rome , fans Lettres-patentes du Roi , &c. *Boutaric* , *traité fur les libert. de l'Églife Gallic.* »

---

défendre par cette raifon ; lorfqu'il fe fait de nouvelles décifions pour la doctrine en matière de religion , la puiffance temporelle a droit d'infpection fur ces nouvelles décifions & fur ces nouvelles lois , pour examiner fi elles ne contiennent point une doctrine contraire aux droits du Prince & de fa puiffance , & fi la nouvelle difcipline que ces lois introduifent n'eft point dans le cas de troubler l'ordre public & la tranquillité de l'État ; car s'il y a lieu de craindre ce trouble , le Prince eft en droit , & même dans l'obligation d'empêcher la publication & l'exécution de ces décifions & de ces lois. Le Prince doit encore examiner ces décifions & ces lois , même celles qui regardent le dogme , fi elles ont été faites avec la liberté , l'unanimité & les autres conditions requifes par les lois de l'Églife & par les faints Canons , pour leur acquérir l'autorité néceffaire à une décifion de l'Églife qui doive foumettre tous les Fidèles ». *Préface du nouveau Commentaire fur l'Édit de 1695 , concernant la juridiction eccléfiaftique.*

FRÈRES ET AMIS, confervons inviolablement ces anciens principes, confacrés par le célèbre Boutaric, & divinement développés par le favant & judicieux Abbé Fleury. Nous aimons infiniment mieux copier l'ingénue fimplicité de cet Auteur lumineux, que d'imiter la pédantefque ampoulure du ténébreux Abbé Maury.

» L'Églife Gallicane s'eft mieux défendue que les autres, du relâchement de la difcipline, introduit depuis quatre ou cinq cents ans ; & a réfifté avec plus de force aux entreprifes de la Cour de Rome.... Les Rois de France, depuis Clovis, ont été chrétiens catholiques, & plufieurs très-zélés pour la Religion ; leur puiffance, qui eft la plus ancienne & la plus ferme de la Chrétienté, les a mis en état de mieux protéger l'Églife.

» Depuis que les Empereurs ont perdu l'Italie, & que les Papes y ont acquis un état temporel qui en a fait la meilleure partie, *il n'y eft point refté de Souverain capable de réfifter à leurs prétentions,* & L'INTÉRÊT commun de s'avancer à la Cour de. Rome, a fait embraffer à tous les Italiens les intérêts de cette Cour. La dignité des Cardinaux y efface celle des Évêques, qui font en très-grand nombre ; & pauvres pour la plupart. Les Réguliers y ont le deffus fur le Clergé féculier.....

» Les maximes des Ultramontains, que nous rejetons en France, font..... que *le Pape peut difpofer des couronnes, & que toute puiffance temporelle ou fpirituelle fe rapporte à lui feul.*

» Ces maximes ont été avancées peu à peu depuis Gregoire VII, qui tenoit le S. Siége l'an 1080, &

qui foutint le premier que tous les Royaumes dépendoient de l'Églife Romaine , & que les Princes excommuniés devoient être dépofés. Sous Julles **II**, en 1515, on paffa jufqu'à foutenir l'infaillibilité.... Et parce que l'antiquité eft peu favorable à ces maximes , ceux qui en font prévenus regardent l'étude des Pères & des Conciles comme une curiofité inutile & même dangereufe. La plupart des Réguliers attachés au Pape..... ont embraffé *cette nouvelle doctrine* , & y ont attaché une idée de piété capable d'impofer aux confciences délicates. ..... La vraie piété eft fondée fur la vraie croyance; & le plus fûr, en matière de religion , eft ce qui a toujours été cru par toute l'Églife. On doit bien, plutôt fe faire confcience de méprifer les Conciles & l'autorité de l'Églife univerfelle..... infaillible, que de ne pas attribuer au Pape tout ce que les flatteurs lui donnent depuis deux cents ans. *La flatterie & la complaifance fervile font des vices odieux* : LA LIBERTÉ ET LE COURAGE *à foutenir la vérité* , *font* DES VERTUS CHRÉTIENNES qui font partie de la piété. La différence qu'il y a entre les mœurs des Papes & la difcipline de l'Églife Romaine , depuis que ces opinions y font reçues , & celle des premiers fiècles , eft un préjugé fâcheux contre les maximes des Ultramontains. Eft-il poffible que les Papes n'aient bien commencé à connoître leurs droits , ou du moins à les exercer librement, que depuis qu'ils font moins faints dans leurs mœurs , moins favans , moins appliqués à inftruire , à prêcher, à faire les fonctions de vrais Pafteurs ?

» C'eft pour obvier à ces nouveautés que le

Clergé , assemblé à Paris le 19 mars 1682 , fit sa déclaration contenue en ces quatre articles :

1°. *La puiſſance que Dieu a donné à S. Pierre & à ſes ſucceſſeurs, Vicaires de J. C. , & à* L'ÉGLISE *même ,* N'EST QUE DES CHOSES SPIRITUELLES *& concernant le ſalut éternel, &* NON DES CHOSES CIVILES ET TEMPORELLES ; *donc les Rois & les Princes, quant au temporel, ne ſont ſoumis , par l'ordre de Dieu , à aucune puiſſance eccléſiaſtique, & ne peuvent, directement ni indirectement, être dépoſés par l'autorité des Clefs, ni leurs Sujets être diſpenſés de l'obéiſſance, ou abſous du ſerment de fidelité.*

2°. *La pleine puiſſance des choſes ſpirituelles, qui réſide dans le S. Siége & les ſucceſſeurs de S. Pierre, n'empêche pas que les Décrets du Concile de Conſtance ne ſubſiſtent touchant l'autorité des Conciles généraux, exprimée dans la quatrième & cinquième ſeſſion ; & l'Égliſe Gallicane n'approuve point que l'on révoque en doute leur autorité, ou qu'on les réduiſe au ſeul cas de ſchiſme.*

3°. *Par conſéquent l'uſage de la Puiſſance apoſtolique doit être réglé par les Canons que tout le monde révère : on doit auſſi conſerver inviolablement les règles, les coutumes & les maximes reçues par le Royaume & l'Égliſe de France, approuvées par le conſentement du S. Siége & des Égliſes.*

4°. *Dans les queſtions de Foi, le Pape a la principale autorité, & ſes déciſons regardent toutes les Égliſes & chacune en particulier ; mais* SON JUGEMENT PEUT ÊTRE CORRIGÉ, *ſi le conſentement de l'Égliſe n'y concourt.*

» Ces quatre articles ſe réduiſent à deux principaux,

que la puissance temporelle est indépendante de
la spirituelle ; que la puissance du Pape n'est pas
tellement souveraine , que ses décisions ne puissent
être *examinées* , & que lui-même ne puisse être
jugé en certains cas. . . . .

» La doctrine des Ultramontains tend à troubler
la tranquillité publique , & met la vie des Souverains
en péril. . . . . Des fanatiques désespérés réduiront en
pratique ces maximes. . . . . Il n'y en a que trop
d'exemples ; rien n'a rendu la Religion catholique
plus odieuse.

» Le Pape , *Évêque de Rome* , est le successeur
de S. Pierre , & comme tel , le Chef visible de
l'Église , *de droit divin.* . . . . Le Pape est principalement chargé de l'instruction & de la conduite du
troupeau. . . . .

» Tous les Évêques ont reçu leur pouvoir *immé-
diatement* de J. C. , parce qu'il a dit à ses Apôtres :
recevez le Saint-Esprit , &c..... Chaque Évêque a *tout
pouvoir* pour la conduite ordinaire de son troupeau ;
c'est à lui de proposer la Foi , de l'expliquer , de
décider les questions ; c'est à lui d'administrer les
sacremens , de juger , de corriger ; & *tant qu'il fait
son devoir , le Pape n'a droit d'exercer aucun pouvoir
sur ce troupeau particulier.* Mais sitôt qu'il fera
quelque faute contre la règle de la Foi ou de la
discipline , le Pape a droit de le corriger , & c'est
son devoir. (1)

____

(1) Voilà la surveillance , la juridiction spirituelle du
Pape sur l'Église universelle : il doit faire observer les
saints Canons , en les observant lui-même le premier ,

» Dans tous les Conciles généraux le Pape préside en personne ou par ses Légats ; mais *tous les Évêques jugent avec lui* : ce n'est pas lui seul qui donne autorité , autrement il seroit inutile de faire assembler à si grands frais tant d'Évêques pour lui donner de simples conseils. Il est vrai que le Pape confirme le Concile ; mais *cette confirmation n'est en effet qu'un consentement* , comme il paroît par les anciennes souscriptions, où tous les Évêques indifféremment se servoient de ce terme de *confirmation* pour souscrire aux Décrets des Conciles & des Papes mêmes.

» L'Église , sans être assemblée en Concile , n'est pas moins infaillible, elle l'est toujours; & pour être assuré de ce que nous devons croire, il suffit de voir son consentement unanime , de quelque manière qu'il paroisse. Donc si le Pape , consulté par des Évêques , a décidé *une question de Foi* (1),

---

comme faisoient les anciens Papes , sur-tout S. Gregoire, le plus humble & le plus sublime de tous ; ce surveillant universel, portant au milieu de son cœur, mille fois plus grand que l'Univers , toutes les Églises qu'il soutenoit dans sa main, imploroit l'autorité des Rois de France pour faire proscrire & censurer l'hérésie simoniaque par les Prélats de l'Église Gallicane.

(1) La discussion qui nous partage n'est qu'une question de police territoriale & humaine, sans révélation ; le nombre & l'étendue des diocèses & des paroisses ne sont point révélés : l'élection d'un citoyen pour les fonctions pastorales est de droit naturel, imprescriptible. Dans ces choses mixtes les spirituelles suivent les civiles, comme l'ame suit le corps. Le serment civique ne tombe que

& que l'Église reçoive sa décision, l'affaire est terminée..... Si quelques Docteurs, ou même quelques Évêques en petit nombre murmurent encore, on ne doit pas les écouter ; mais si une grande partie de l'Église ne se soumet pas..... alors c'est le cas d'assembler un Concile universel qui examinera la décision du Pape, & ne l'approuvera qu'après l'avoir reconnue conforme à la tradition de toutes les Églises. Ainsi *le Concile de Calcedoine* examina la lettre du Pape S. Léon, qui toutefois servit de fondement au Décret de Foi.

» Au contraire, dans le sixième Concile les lettres du Pape ayant été examinées, comme celles de Pyrrhus, de Cyrus, de Sergius & de Paul, hérétiques-monothélites, furent rejetées de même, comme favorisant leurs erreurs, & le Pape Honorius anathématisé nommément ; le tout du consentement des Légats du Pape Agathon, qui présidoient au Concile ; & Agathon & ses successeurs renouvelèrent plusieurs fois cette condamnation d'Honorius.

» S. Cyprien soutint, avec tous les Évêques d'Afrique & plusieurs de l'Asie mineure, que les hérétiques devoient être rebaptisés, contre la décision expresse de S. Étienne, qui passa jusqu'à *l'excommunication* au moins comminatoire ; & S. Augustin, pour excuser S. Cyprien d'avoir soutenu cette erreur, ne

---

sur le civil. L'Être suprême unit l'ame au corps organisé par la nature ; ainsi l'Église joint son spirituel au civil disposé par l'État. Notre Religion sainte est révélée & surnaturelle ; or la Constitution ne touche à rien de surnaturel révélé ; donc elle ne touche pas à la Religion.

dit autre chofe finon que la queftion étoit difficile, & n'avoit point encore été décidée par un Concile universel. Donc *ni S. Cyprien, ni S. Auguftin ne croyoient pas que l'on fût obligé à fe foumettre fitôt que le Pape avoit prononcé.*

» Ceux qui veulent que le Pape foit infaillible, ne nient pas toutefois qu'il puiffe devenir *hérétique*..... De quelque manière que ce foit que le Pape fût *hérétique*, on convient qu'il devoit être dépofé, & par conféquent jugé. On ne voit point d'autre Tribunal au-deffus de lui que le Concile univerfel.....

» Ainfi le Concile de Conftance a établi la maxime de tout temps enfeignée en France, que tout Pape eft foumis au jugement de tout Concile univerfel, en ce qui regarde la Foi, l'extinction d'un fchifme & la réformation générale. Ce Concile réduifit en pratique la maxime : *Jean XXIII... Pape légitime... fut accufé, convaincu..... jugé & dépofé.* Il acquiefça à fa condamnation. En fa place fut élu Martin V, en 1417, dans le même Concile de Conftance.....

» LA PUISSANCE DU PAPE DOIT ÊTRE RÉGLÉE ET EXERCÉE SUIVANT LES CANONS, & n'eft *fouveraine* qu'en ce qu'il a droit de les faire obferver à tous les autres ; car J. C. a dit : *les Rois des Nations les dominent, & il n'en fera pas ainfi de vous* ; & S. Pierre : *conduifez le troupeau, non comme en dominant.* Donc le gouvernement de l'Églife n'eft pas un empire defpotique, mais une conduite paternelle & charitable, où l'autorité du Chef ne paroît point, tant que les inférieurs font leur devoir ; mais où elle éclate pour les y faire rentrer, &

s'élève au-deſſus de tout pour maintenir les règles : IL DOIT DOMINER SUR LES VICES, NON SUR LES PERSONNES. Ce ſont les maximes du Pape S. Gregoire.

» Ainſi nous ne reconnoiſſons pour droit canonique que les Canons reçus par toute l'Égliſe, & les *anciens* uſages de l'Égliſe Gallicane conſervés à la face de toute l'Égliſe de temps immémorial, & par conſéquent autoriſés par un conſentement au moins tacite (1); nous ne croyons pas que la ſeule volonté du Pape faſſe ou aboliſſe les lois de l'Égliſe, ni qu'elle ſoit obligée en conſcience d'obéir ſitôt qu'il y a une Bulle plombée & affichée au Champ-de-Flore.....

» *Nous ne recevons les nouvelles Bulles qu'après qu'elles ont été examinées*, comme il a été dit ». Fleury, diſcours ſur les libert. Gallic.

Oui, FRÈRES ET AMIS, le Royaume & l'Égliſe de France conſervent & conſervèrent toujours la précieuſe liberté d'examiner *les Bulles* des Papes,

---

(1) Suivant nos ſaints uſages » le Souverain peut même, en qualité de protecteur de l'Égliſe & des ſaints Canons, faire *des règlemens & des lois pour la police extérieure* de l'Égliſe, *ſoit pour les cas qu'elle n'a pas prévus, ſoit* pour faire exécuter plus exactement dans l'État ce qui eſt preſcrit par les règles eccléſiaſtiques ; & l'Égliſe a toujours approuvé ces lois depuis qu'elle a eu des Princes chrétiens, & *elle s'eſt fait un devoir de s'y conformer.* Ainſi le Prince peut empêcher que des étrangers ne poſſèdent dans ſon Royaume des bénéfices deſtinés à ſes Sujets..... qu'on ne cauſe du trouble & de la confuſion ſous prétexte de la Religion ». *Préface ſur l'Édit de 1695, dont le préambule eſt ci-après.*

parce qu'elles peuvent reſſembler aux lettres du Pape Honorius , ainſi qu'aux œuvres de Gregoire VII & de Boniface VIII , ſans parler de tant d'autres Papes deſpotes. *Les nouvelles Bulles* pourroient être les enveloppes de monſtres pareils à l'énorme Bulle *in cænâ Domini* , ce ſuperbe étalage d'abuſives atrocités que la Cour de Rome ne rougit pas de reproduire tous les ans , le Jeudi-ſaint, qui nous rappelle le grand jour où le Pontife éternel proſcrivit de ſon Égliſe l'orgueil dominant, en lavant lui-même les pieds de ſes Diſciples.

Le Royaume de France, fidèle gardien de ſon Égliſe privilégiée (1), a le droit inaliénable d'examiner les nouvelles Bulles, pour repouſſer les abus que la Cour de Rome tâcha toujours d'introduire chez nous. S. Louis , le plus ſoumis de nos Rois à l'autorité du S. Siége , fut en même-temps le plus ferme contre les entrepriſes de la Cour de Rome. *Pragm. ſanct. de S. Louis.* Diſtinguons bien , avec cet auguſte défenſeur de nos libertés , le S. Siége d'avec la Cour de Rome. Le S. Siége eſt la Chaire & l'Égliſe de S. Pierre ; donc le ſucceſſeur doit édifier la catholicité par ſa conduite paternelle. La Cour de Rome eſt le Trône & le cortège du Pape , Monarque temporel , dont le fatal deſpotiſme a perdu tant d'Égliſes par ſa hauteur dominante.

---

(1) » Les Députés du Clergé ..... nous ont très-humblement ſuppliés de régler, ainſi que nous le trouverions plus à propos, les nouveaux ſujets de conteſtation ..... pour le bien de l'Égliſe & pour le maintien de ſa diſcipline .... dont nous ſommes les protecteurs ». *Édit de 1695, concernant la juridiction eccléſiaſtique.*

Le Pape Innocent XI, avec fa Cour impérieufe,
s'efforça de renverfer nos libertés, en condamnant
les quatre articles de 1682 (1); mais elles reftèrent
inébranlables par la victorieufe défenfe du Clergé
Gallican, où l'immortel Évêque de Meaux triompha
de la Cour de Rome, ainfi que de tous les ennemis
de la Foi Romaine. Boffuet, ce grand flambeau
de l'Églife Gallicane, avoit appris de S. Cyprien &
de S. Auguftin, ces grands oracles de l'Églife
univerfelle, qu'il ne faut pas fe laiffer abattre *fitôt
que le Pape a prononcé*. Son jugement n'eft qu'une
opinion particulière, s'il n'eft confirmé par le
confentement & concours unanime de l'Églife
catholique; le bruit de fes excommunications &
autres cenfures n'eft qu'un épouvantail d'enfans,
s'il ne prononce qu'avec fes courtifans. Le Pape,
avec fa Cour, n'eft pas plus infaillible qu'impeccable :
*l'expérience n'a que trop fait voir qu'il n'y a aucune
misère humaine à laquelle ils ne foient fujets*, dit
encore le fincère Abbé Fleury.

Nous ne faurions jamais affez déplorer la misère
humaine de la Cour defpotique, ni affez révérer
l'autorité divine de la Chaire apoftolique. Cette déplo-
rable Cour frémit à l'afpect de la Conftitution
Françaife, qui fupprime les terreftres abus dont la
gloire Pontificale fut trop & trop long - temps

----

(1) Le Pape Innocent XI foutint fortement les Évêques
qui difputoient la régale au Roi. Il refufa des Bulles à
tous les Français nommés aux bénéfices, après les affemblées
du Clergé de 1681 & 1683; de façon qu'à fa mort il y
avoit plus de trente églifes qui manquoient de Pafteurs.
Nouveau Dictionn. hiftor., tom. 4.

éclipsée. Faisons éclater de mieux en mieux pour le S. Siége l'amour le plus filial avec le plus profond respect, en priant son divin Fondateur d'y rétablir l'esprit de S. Gregoire le Grand, qui fit tant aimer & tant respecter la Religion dans le digne successeur de S. Pierre ; mais soutenons de plus en plus nos antiquités sacrées, avec la piété la plus courageuse, contre les atteintes de la Cour ultramontaine, qui veut ériger ses nouveautés profanes en dogmes de Foi. Soyons ainsi les plus soumis & les plus fermes Catholiques, à l'exemple de S. Louis (1), avec notre Assemblée Nationale, dont le Ciel se sert pour épurer aujourd'hui l'Église Gallicane, & demain l'Église Romaine.

----

(1) » Nous ne voulons aucunement qu'on lève ou qu'on recueille les exactions pécuniaires & les charges très-pesantes que la Cour de Rome a imposées ou pourroit imposer à l'Église de notre Royaume, & par lesquelles il est misérablement appauvri.....» dit S. Louis, Roi des Français, dans sa *Pragmatique sanction*, art. 6, *Hist. ecclés.*, tom. 18, *liv.* 86.